宋凤文 主编

足球中的科技

ZUQIU ZHONG DE KEJI

上册

復旦大學出版社

主　编　宋凤文
副主编　陈德隽
编写成员名单
　　　　宋凤文　陈德隽　朱利萍　张　敏　郑　旻　徐　懿
　　　　侯　静　张　云　李　闻　朱海芸　陶歆彦　于　超
　　　　卢未珂　金　萍　唐恩觉　冯十达　施雯琦　王骏杰
　　　　袁晓丽　徐　晨

前　言

　　创办于1949年的五角场小学坐落于上海市城市副中心——五角场,占地面积16亩,拥有东、西两座校舍,两个标准七人制足球场。学校拥有一支教学能力强、科研水平高、富有活力、勇于创新的教师队伍。学校以加强学校内涵建设为根本,努力探索"创新课程、智慧课堂、绩效管理、特色发展"之路,形成了足球文化、人文科普的办学特色,荣获全国校园足球特色学校、全国青少年校园足球活动上海市布点学校、上海市体育传统项目学校、上海市学校体育先进单位、上海市巾帼文明岗、上海市学校心理健康教育先进集体、杨浦区办学优秀单位、杨浦区文明单位等荣誉称号。值得一提的是,近3年来五角场小学连续获得了20次全国、上海市各级足球比赛冠军。

　　2015年3月起,学校作为上海市小学"未来教室"试点工作3所项目学校之一开始启动建设。同时,杨浦区教育局也将此项目纳入杨浦区创新实验室项目之一。"绿茵创智源——未来教室"是具有学校特色的未来教室,即在学校校园足球课程架构下的未来教室,是一堂多学科交叉学习、融汇贯通的新型课程。学生通过对足球文化的学习,可以掌握足球相关的知识,更可以从中学习科技信息、音乐美术、人格心理等多方面的知识,将一门普通的体育课程转变为一门任何学生都可以参与、任何家长都会喜欢的综合课程,由此培养一群懂足球、热爱足球、关注足球、传播足球文化的校园足球达人,成为推动今后中国足球的生力军。

2016年9月"未来教室"正式启用,未来教室建设团队主要进行了3项工作:①"少儿足球文化"课程再开发,开发了STEAM教育理念课程"足球中的科技",分为上、下两册。②以"未来教室"为载体,以"足球中的科技"中的项目为学习内容,进行了30个主题实践研究,形成相应的教学设计案例及活动资源。③以"未来教室"为中心,活化了整体校园足球文化氛围,开展了多元、立体、开放的足球主题活动、兴趣社团活动、家长互动活动等,带动了基础型课堂教学的改革。

《足球中的科技》面向三至五年级学生,以足球运动为主要载体,以STEAM教育为主要形式,以物理学、生命科学为主要内容,融通各学科门类知识,结合学生发展阶段特点,旨在改变学生学习方式,提高学生学习兴趣,加强学生科技素养,培养学生解决问题能力。希望学生在课程学习和探究中了解足球运动蕴含的物理学、生命科学等学科知识;能自主运用所学知识解决生活中相应的问题;能在教师引导下发现问题、自主思考、独立探究、合作学习,并解决问题;在课程活动中养成规则意识、合作意识,提高学习兴趣;在课程学习中获得快乐,身心健康发展。

在"未来教室"运行过程及"足球中的科技"课程研发过程中,我们欣喜地发现:①观念改变,主动探寻"未来已来"之路。"未来教室"是针对创新人才培养需求和响应新课程改革,在课堂重构要求基础上提出的,以互动为核心,旨在构建发挥课堂主体的主动性、能动性,促进主体和谐、自由发展的教与学的环境和活动。学校教师不断学习移动互联、大数据、人工智能等新技术,积极改变观念,不断实践指向未来的教与学。②创新变革,研究实践"智慧而学"之法。"未来教室"及"足球中的科技"凸显了"智能"和"智慧"特征,为学生提供全新的创新体验,让学生成为学习的主人,实现"为每一位学生的学习而设计"。③探赜索微,经历领悟"蜕变成长"之道。"未来教室"及"足球中的科技"建设团队,通过年长教师的经验、中年教师的智慧、青年教师的朝气,一起共同研究"教"的规划与引导,"学"的互动与共享,"评价"的重构与融合,通过这样的路径,推动了青年教师的成长,实现了学校发展的目标。④积淀积累,努力实现"未来教育"之梦。近些年,五角场小学"未来教室"先后接待教育部的田学军副部长、教育部体卫艺科司的王登峰司长、教育部体卫艺科司巡视员廖文科以及中国足球名宿辅导团等,汇报了学校的"未来教室"理念以及课程设置、校园文化活动等情况;承担了教育部的"校园足球新长征"上海站、"未来之星"计划上海站活动的全部工作;接受了法国电视台来五角场小学拍摄上海校园足球的纪录片;接待了来自俄罗斯以及国内台北、香港等多个城市相关人员的来访,做了校园足球工作的经验介绍,受到了来访领导及专家的高度评价。

《足球中的科技》引领着我们走进未来。未来已来,学校必须始终紧握时代发展的脉搏;将至已至,学校将秉持一颗持续学习的初心,为了孩子们的梦想,绽放属于我们的光芒!

目 录

第 1 课　足球中的科技：走进科技 ————————————— 1

第 2 课　看不见的魔术手：足球中的力 ————————— 7

第 3 课　力的裁判：测力计的使用与制作 ———————— 14

第 4 课　足球有脾气：弹力与气压 ———————————— 20

第 5 课　会呼吸的痛：有氧运动与无氧运动 —————— 27

第 6 课　足球场上的刚与柔：骨骼的结构与功能 ———— 32

第 7 课　足球医疗队：骨骼运动损伤 —————————— 39

第 8 课　足球运动的发动机：肌肉的结构与功能 ———— 45

第 9 课　足球运动的供氧机：肺的结构与功能 ————— 52

第 10 课　足坛小宇宙：耐力与爆发力 —————————— 58

第 11 课　足球加油站：功能性饮料的奥秘 ——————— 63

第 12 课　聪明的运动员：脑的结构与功能 ——————— 69

第 13 课　足球脑地图：丰富多彩的功能区 ——————— 75

第 14 课　永不消失的电波：反射弧 ——————————— 79

第 15 课　天生小球星：基因的作用 ——————————— 86

足球中的科技：走进科技

小问号

随着科技的发展，在足球运动中也引入了很多高科技元素(图1-1和图1-2)。在足球运动中，你觉得有哪些高科技的元素？

图1-1

图1-2

找一找在足球运动中你觉得是高科技的元素，和你的同伴一起分享。

_____

_____

直播间

你踢过足球或者看过足球比赛吗？你知道在足球比赛中怎样才能算得分(图1-3)？在足球场上由谁来判断进球是否有效？

在足球场上，主裁判是绝对权威，他可以判断进球是否有效(图1-4)。即使主裁判误判，在已经重新开球的情况下也不能更改比分。因此，裁判的判决对于足球比赛尤为重要。

足球中的科技（上册）

图 1-3

图 1-4

读一读

你知道兰帕德误判事件吗？

2010年世界杯在英国队对德国队的比赛中，主裁判出现了严重的误判。在德国队以2∶1领先时，英国队兰帕德吊门击中门框，足球弹在地面上，主裁判拉里昂达示意比赛继续。但是，慢镜头显示足球已经越过门线足有1米，该判罚引起了巨大的争议。

为什么在足球比赛中会出现裁判误判的情况？应该如何减少误判发生？

_____

_____

动手动脑

藏硬币大赛

让我们一起来进行藏硬币大赛吧！

活动步骤：

（1）选出1位同学来藏硬币，由另外1位同学观察并找出硬币藏在哪里。
（2）选出1位同学来藏硬币，由另外2位同学观察并找出硬币藏在哪里。
（3）选出1位同学来藏硬币，由另外3位同学观察并找出硬币藏在哪里。
在这3种情况中哪一种情况硬币最容易被发现？

_____

_____

第 1 课 足球中的黑科技：走进黑科技

_____
_____
_____

想一想

我们如何将实验结果应用到足球进球判决中？

观察的人越多，判决结果越是准确，由此催生了门线技术。

什么是门线技术？

门线技术是一项近年发展起来的足球运动辅助技术，可以判断足球是否越过球门线，从而判断进球是否有效。

你知道门线技术是怎么工作的吗？

2014 年巴西世界杯所使用的门线技术是基于摄像技术的，通过在球场不同的角度安放 14 台高速摄像机来捕捉射向球门的足球的轨迹(图 1-5)，然后判断足球是否全部越过球门线。当足球完全越过球门线的时候，系统将会自动给裁判手上佩戴的手表发出信号。整个时间要求不超过 1 秒钟，当裁判收到"Goal"的信息时，他就可以判罚进球有效。

图 1-5

想一想

为什么需要使用门线技术帮助裁判判断进球是否有效？

_____
_____

除了门线技术，足球场上还有不少科技元素。你知道与足球有关的科技吗？

_____
_____

除了用来运动，足球还能做什么？

_____
_____

足球中的科技（上册）

读一读

你知道发电足球吗？

哈佛大学有4名在校生设计并制作了一种能使动能转化为电能的发电足球，人们在踢球的时候同时可以为足球充电。人们还可以利用这部分电能为LED（发光二极管，是一种能将电能转化为可见光的固态半导体器件）灯等低电压照明设备供电，也可以为手机充电。在比赛中使用发电足球15分钟所产生的电能足以使一盏LED灯工作3小时。

我们踢足球要用到哪些装备？其中蕴含了哪些科技？

_____

_____

读一读

你知道足球鞋的发展历程吗？

亨利八世在1526年拥有了历史上最早有记录的足球鞋（图1-6）。这些早期的足球鞋也被称作防滑鞋，使用皮革制作，装有巨大的金属鞋钉，非常沉重，不利于在球场上的闪转腾挪（图1-7）。

图1-6

图1-7

1954年，阿迪达斯公司设计出历史上第一双低腰、柔软、轻便的足球鞋，它带有尼龙材质的旋转嵌入式鞋钉，这种足球鞋成为足球鞋历史上具有革命性意义的重大突破。

第 1 课 ▶ 足球中的黑科技：走进黑科技

之后足球厂家在足球鞋上加入折叠减震技术、折叠磨擦条等元素，足球鞋得到进一步的发展(图 1-8)。

(a)　　　　　　　(b)　　　　　　　(c)

图 1-8

假如要进行一场足球比赛，你会想要一双怎样的"战靴"？
请在下列框图中或平板电脑上绘制你的"战靴"。

向你的小伙伴们介绍一下你的"战靴"。
（1）"战靴"名称：_____
（2）"战靴"的新功能：_____
（3）"战靴"的材料：_____

(4) 其他：_____

练一练

1. ［多选］门线技术是一项近年来发展起来的足球运动辅助技术，可以判断球是否越过了球门线，从而判断进球是否有效。在下列工具中，曾被运用到门线技术的有（　　）。
A．高速摄像机　B．磁力传感器　C．速度检测仪　D．计算机

2. ［单选］发电足球是一种新型的足球，能够将动能转化为电能并收集起来，人们可以利用这部分电能为LED灯等低电压照明设备供电，也可以为手机充电。下列物品与发电足球的原理相同的是（　　）。
A．手摇发电机　B．太阳能板　　C．电风扇　　　D．充电宝

足球鞋一般比较细长。鞋帮部分几乎都是一气呵成，并没有用织网等来进行设计。足球鞋强调良好的抓地力，并且需要与球接触。因此，现在人们更多地开发足球鞋的流线型，从而让足球鞋的鞋面更好地与足球接触。弧度是足球鞋外形特点中的重点。足球鞋的鞋底部分通常都有鞋钉，这也是它的一个重要外形特点。

另外，足球鞋一般都比较窄，并且鞋的上下厚度不厚，足弓设计较窄，有的鞋款甚至整个鞋身都非常窄，从而能够让足球鞋牢牢固定在球员的双脚上，使得球员的脚不会在球鞋内打滑。

篮球鞋的外形有什么特点？它和足球鞋有什么不同？

查阅相关资料后写出你的答案。

_____
_____
_____
_____

看不见的魔术手：足球中的力

小问号

踢飞的足球为什么会掉落下来(图2-1和图2-2)？

图2-1

图2-2

你知道牛顿和苹果的故事吗？和你的同伴一起分享。

直播间

足球为什么能在空中运动？怎样才能使足球在空中运动(图2-3)？

图 2-3

图 2-4

奔跑着的运动员为什么能停下来(图 2-4)?

什么是力?

力是物体对物体的作用。我们踢足球,就是对足球施加了力。足球在地面滚动最终停下来,是因为地面对足球施加了力。**力**是改变物体运动状态的原因。例如,力可以使静止物体运动,也可以使运动物体加速或者减速。

想一想

将书本从桌子左侧移到右侧。你是如何将书本移动过去的?

常见的力有哪些呢?

例如,水滴的滴落是重力的作用(图 2-5),气球的变形是弹力的作用(图 2-6),磁铁吸引铁钉是磁力的作用(图 2-7),阻碍物体相对运动是摩擦力的作用(图 2-8)。

第 2 课 >> 看不见的魔术手：足球中的力

图 2-5

图 2-6

图 2-7

图 2-8

想一想

这些力分别有什么特点？

你还能举出哪些关于力的例子(表 2-1)？和你的同伴一起分享。

表 2-1

力	案 例	特点
重力	静止在草地上的足球，运动的足球，守门员手上的足球	地球上所有物体都受到重力的作用
弹力	弹簧，橡皮筋	受到弹力，能恢复原状
磁力	吸铁石吸引铁钉	能相互吸引，也能相互排斥
摩擦力	正在走路的人，草地上滚动的足球，站在斜坡上的人	可以阻碍物体运动，也能促使物体运动

想一想

从踢起足球到足球落下直至静止的过程中,足球一共受到哪些力的作用?

_____

_____

足球场上有哪些力?

力是无处不在的。在足球运动中,踢足球的力、跑步的力、足球的弹力、让足球下落的地球引力等,都是力的体现(图 2-9)。如果能够掌握力的规律,我们就可能把足球踢得更好。

图 2-9

动手动脑

力的方向

(1)给小球一个力,使小球往左边滚。

(2)给小球一个力,使小球往右边滚。

(3)向正上方抛小球。

(4)移动笔去击打小球,使小球滚动。

在上面的 4 次实验中,给小球的力有什么不同?

_____

_____

_____

第 2 课 >> 看不见的魔术手：足球中的力

力有方向吗？

力是有方向的，力的方向会影响力的作用效果。

怎么表示力的方向？

可以用力的示意图表示力的方向。在力的作用点上，沿着力的方向画一条带箭头的线段来表示物体受到的力，且不过分强调有向线段的长短和起点，这种表示力的方法叫做**力的示意图**。

静止的足球受到重力的作用和地面对它的支持力作用（图2-10）。

图 2-10

运动中的足球运动员在水平方向上受到地面给他的摩擦力和空气阻力，在竖直方向上受到地面给他的支持力和重力（图2-11）。

图 2-11

足球中的科技（上册）

练一练

足球有哪些运动状态呢？

请在下列框图中或平板电脑上，用力的示意图描述不同状态下足球的受力情况。

力的大小

（1）用力，使握力环变形（图2-12）。

图2-12

（2）用力，使握力环两侧贴在一起。

两次所用力的大小相同吗？

_____

_____

力有大小吗？

力是有大小的，力的大小、方向与作用点称为**力的三要素**。

在球场上，我们怎么才能更好地用"力"，能够

第 2 课 >> 看不见的魔术手：足球中的力

让足球"听我们的话"，实现更精准地传球和进球？

_____

_____

练一练

1. [单选]重力是指地面附近的物体由于地球的吸引而受到的力。支持力是指一个物体对另一个物体的接触面产生的垂直向上的力。物体受到的重力和支持力总是方向相反且在一条直线上，这个说法（　　）。
    A．正确　　　　　　　　　　B．错误

2. [单选]摩擦力的方向与物体相对运动或相对运动趋势的方向相反，所以，摩擦力一定阻碍物体的运动。这个说法（　　）。
    A．正确　　　　　　　　　　B．错误

怎么去表示力的大小？

力是有大小的，力的示意图是常用的表示力的方法。线段的长短表示**力的大小**，箭头的方向表示**力的方向**，线段的起点或终点表示**力的作用点**。

怎么在力的示意图基础上表示力的大小呢？查阅相关资料后写出你的答案。

_____

_____

_____

_____

_____

力的裁判：测力计的使用与制作

足球运动员们在进行力量训练(图 3-1)，怎么判断他们中谁的力气更大？

图 3-1

写下你的判断方法，和你的同伴一起分享。

_____

_____

在足球运动中，什么样的运动员更有优势？

_____

_____

第3课 力的裁判：测力计的使用与制作

动手动脑

测量

(1) 我们使用的书本的长和宽各是多少？

_____

(2) 从我们所在的教室后门走到前门需要多长时间？

_____

(3) 我们能够以什么方式来测得结果？用什么方式来表示结果？

_____

如何判断力的大小？

对于一个大铁球和一个小铁球，我们可以很轻易地判断提起哪个铁球所需要的力气比较大。但是，由于足球的运动方向不同，对于足球运动员施加给足球的力的大小，我们就比较难判断。因此，我们利用专门的仪器来测量力的大小。

如何描述力的大小？

长度的单位是米，时间的单位是秒，都是用一定的单位去描述对应的物理量。专门描述力的单位是**牛顿**，简称**牛**，符号是 N。这是为了纪念英国科学家艾萨克·牛顿而命名的。

想一想

你知道牛顿的故事吗？和你的同伴一起分享。

_____

单位"连连看"

将长度、重量等常见物理量与其描述单位一一对应，完成下面的"连连看"游戏吧！

长度（l）	安培（A）
质量（m）	秒（s）
时间（t）	米（m）
电流（I）	开（尔文）（K）
热力学温度（T）	千克（kg）

在足球运动中，我们如何测量力的大小？

力是可以被测量的，可以通过弹簧测力计来测量力的大小。

弹簧测力计是由哪几部分组成的？

图3-2

弹簧测力计是一种测力的大小的工具。它主要由弹簧、挂钩、刻度盘、指针、外壳、吊环组成（图3-2）。

测量足球的重力

让我们一起来测量足球的重力吧！

1. 实验目标：测量足球的重力。

2. 实验仪器：弹簧测力计，足球。

3. 注意事项：弹簧测力计应该竖直放置；测量物体不能超过弹簧测力计的量程。

4. 实验步骤：_____

_____

_____

_____

_____

想一想

根据国际足联核准的合格标准，足球的质量介于420～445克之间。你测得的足球重力是多少？它符合国际足联核准的合格标准吗？

（提示：足球重力＝足球质量×重力加速度；重力加速度＝9.8牛/千克。）

第3课 力的裁判：测力计的使用与制作

测量足球运动员对足球施加的力

电脑拳击机的主要用途是测量拳击的冲力大小。其工作原理是利用压力传感器输入压力信号，并将其转换成数字信号显现在电脑屏上。

压力传感器是能感受压力信号，并能按照一定的规律将压力信号转换成可用的输出电信号的器件或装置。压力传感器是使用最为广泛的一种传感器。

让我们一起来测量足球运动员对足球施加的力吧！

1. 实验目标：测量足球运动员对足球施加的力。
2. 实验仪器：电脑拳击机。
3. 注意事项：施力时应施加在相应范围内，以防损坏仪器。
4. 实验步骤：_____

_____
_____
_____

想一想

电脑屏幕上的数字代表什么？怎么比较足球运动员对足球施加的力的大小？

_____
_____

自制弹簧测力计

如果足球的重力较大，超出了弹簧测力计的量程，我们应该如何测量足球的重力呢？

让我们一起来自制弹簧测力计(图 3 - 3)吧！

图 3 - 3

1. 实验目标：自制弹簧测力计。
2. 实验材料：塑料管，弹簧，胶带，贴纸，挂钩，钢珠，小纸杯，硬卡纸。
3. 注意事项：_____
4. 实验步骤：_____

_____
_____
_____
_____

想一想

如何为自制的弹簧测力计标出准确的尺度？

_____
_____

练一练

[多选]在以下物品中，能够用最多称量15牛重的弹簧测力计来测量的有（　　）。

A．1个鸡蛋　　　　　　　B．1部手机

C．1台笔记本电脑　　　　D．1个乒乓球

第 3 课 力的裁判：测力计的使用与制作

瞭望台

在草地上滚动的足球除了受到重力和地面对它的支持力之外，它还受到摩擦力的作用。

在草地上滚动的足球会一直滚动吗？假如足球是在光滑的玻璃上滚动，与它在草地上的滚动进行对比，会有什么不同？

上述问题均与足球受到的摩擦力有关。摩擦力有什么作用？查阅相关资料后写出你的答案。

_____
_____
_____
_____
_____

第 4 课

足球有脾气：弹力与气压

为什么足球落到地上还会弹起来？

如果足球的气不足（图 4-1），对足球运动会有什么影响？

图 4-1

让我们一起来讨论这两个问题吧！

你知道香蕉球吗？什么是香蕉球？

第4课 足球有脾气：弹力与气压

（a）　　　　　　　　　　　（b）

图 4-2

弧旋球又称"弧线球"和"香蕉球"，是指运动员运用某种脚法踢出球后，可使球在空中向前作弧线运行的踢球技术(图 4-2)。

想一想

怎样才能踢出香蕉球？

假如足球没有气，我们还能完成这些高难度动作吗？为什么？

_____

_____

足球的制作材料

制作足球的材料是什么？

足球运动的鼻祖是中国的蹴鞠。"蹴"有用脚蹴、踢的含义。蹴鞠所用的"鞠"，可以上溯至石球。石球最早是狩猎工具，在原始社会后期出现了用脚踢的石球和镂空的陶球。随着蹴鞠运动的流行，鞠发展成外包皮革、内装米糠的球。

现代足球的起源地是英国。传说在 11 世纪，英格兰与丹麦之间发生一场战争。战争结束后，英国人在清理战争废墟时，发现了一个丹麦入侵者的头骨。出于愤恨，他们便用脚去踢这个头骨，一群小孩见了便也来踢，不过他们发现头骨踢起来脚很痛，于是用牛膀胱吹气来代替头骨——这就是现代足球的诞生。

随着足球运动的发展，人们用牛皮、猪皮等天然皮革制成足球。但是，动物皮革存在柔软、易变形等不足。随着化工技术的发展，人们制造出人造革足球，在很大程度上弥补了天然材料的不足。化学家们并没有停止对足球材料的探索，现在的足球由多种高分子材料制作而成,具有高弹性、耐磨和一定的防水功能。

从最早的蹴鞠,到世界杯的比赛用球,每个时代的足球都有着自己的特征,最明显的变化是足球的材质。

将不同时代的足球与其材质一一对应,请在下列框图中或平板电脑上完成足球连连看吧!

蹴鞠

近代足球

现代足球

想一想

足球落地的一瞬间发生了什么变化?落地之后足球又会怎样运动?

_____

_____

为什么足球落地后能重新弹起?

因为足球具有弹力。

什么是弹力?

发生形变的物体,由于要恢复原状,对跟它接触的物体产生力的作用,这种力叫做**弹力**。例如,用手压弹簧,就能感觉到弹簧对手施加的弹力(图4-3)。

图4-3

第4课 >> 足球有脾气：弹力与气压

想一想

足球的弹力来自哪里？

_____

_____

拍气球

（1）将3个一样的气球，吹成大中小3种规格。
（2）用手轻拍气球，测量其飘落的距离。
（3）记录不同气球的飘落距离，重复试验并记录（表4-1）。

表4-1

	大气球	中气球	小气球
第1次			
第2次			
第3次			

不同气球的飘落距离有什么特点？气球弹力大小可能与什么有关？

_____

_____

气球小实验

（1）将3个大小相同的气球，吹成相同大小。
（2）用手轻拍气球，先稍用力拍，再用全力拍，测量气球飘落的距离。
（3）记录不同气球的飘落距离，重复试验并记录（表4-2）。

表4-2

	轻拍	稍用力	用全力
第1次			

23

(续表)

	轻拍	稍用力	用全力
第2次			
第3次			

想一想

不同气球的飘落距离有什么特点？气球弹力大小可能与什么有关？

_____

_____

小皮球实验

（1）把气球吹成和小皮球相同大小。

（2）用手轻拍气球和小皮球，测量其飘落的距离。

（3）记录不同气球和小皮球的飘落距离，重复试验并记录(表4-3)。

表4-3

	气球	皮球
第1次		
第2次		
第3次		

想一想

足球的弹力大小可能与什么因素有关？

_____

_____

影响足球弹力大小的因素如下：

足球的弹力与其受力大小、足球的材料以及其充气的饱满程度有关。

第4课 足球有脾气：弹力与气压

想一想

既然足球的弹力大小和充气饱满程度有关，那么，我们可以往足球里尽可能多地充气吗？如果足球里的气太多或者气不足，足球比赛会有什么影响？

_____

_____

练一练

1. [单选]物体受外力作用发生形变后，若撤去外力，物体能恢复原来形状的力，叫做弹力。它的方向与使物体产生形变的外力的方向相反。下列物体受到弹力的是（　　）。

   A．被拉长的橡皮筋　　　　　　　B．空中的飞行足球
   C．被放置在桌面上的静止的书本　　D．贴在墙上的海报

国际足联对于足球的部分要求：

（1）球体圆周的合格标准：68.5～69.5厘米；

（2）耐久圆形球体的合格标准：最大差别不超过1.5%；

（3）吸水性的合格标准：球体重量增加不超过10%；

（4）重量的合格标准：足球重量介于420～445克之间；

（5）球体形状和大小保持能力的合格标准：50千米时速撞击2 000次；

（6）独特的反弹性能的合格标准：不超过10厘米；

（7）球压的合格标准：球压下降不超过20%。

你知道国际足联对于足球的相关规定吗？查阅相关资料后做一张有关足球的海报。

_____

_____

_____

会呼吸的痛：有氧运动与无氧运动

你记得自己上一次踢完足球之后身体的感觉吗（图 5-1）？和你的同伴一起分享。

图 5-1

_____

_____

做完这些运动（图 5-2），身体会有什么感觉呢？

_____

足球中的科技（上册）

图 5-2

读一读

为什么做完有些运动，会感觉肌肉酸痛？

在运动过程中，人体在产生能量的过程中可能会产生乳酸，而乳酸堆积于体内会引起局部肌肉酸痛。

所有运动都会让人感觉肌肉酸痛吗？

并不是所有的运动都让人感觉肌肉酸痛，这是因为人体产生能量的途径并不只有一种。

人体是怎么提供进行足球运动所需要的能量的？

人体摄入养分后会进入细胞，经过一系列分解代谢过程，最终生成二氧化碳、水或其他产物，并且释放出能量，提供其他形式的生命活动，这个过程叫做**呼吸作用**。完成生命活动所需要的能量，都是来自呼吸作用。

呼吸作用有哪些途径？

呼吸作用分为有氧呼吸和无氧呼吸。有氧呼吸在氧气充足时进行；人在剧烈运动时，肌肉无法获得足够的氧气，进行的就是无氧呼吸。

有氧运动和无氧运动

人体在体内氧气充足的情况下进行的体育锻炼，就是**有氧运动**。在有氧

第 5 课 会呼吸的痛：有氧运动与无氧运动

运动过程中，人体吸入的氧气不少于运动和其他生命活动一起消耗的氧气。

长时间进行有氧运动，可以使得心、肺等身体结构得到充分、有效的刺激，能够提高心、肺功能。一般来说，有氧运动是指长时间（大于 15 分钟，最好是 30～60 分钟）的运动，如慢跑、游泳、骑自行车、步行、原地跑、有氧健身操等。

静力训练、举重或健身器械、短跑等运动称为**无氧运动**。

（1）观察足球运动员在比赛场上的运动，他们的运动是只包含一种运动（有氧运动或无氧运动），还是两种运动都有？

_____

_____

（2）足球运动员什么时候在做有氧运动？什么时候在做无氧运动？

_____

_____

想一想

在进行足球运动后，你曾有过肌肉酸痛的感觉吗？我们如何尽快地从足球运动后的酸痛中得到恢复？

_____

_____

有什么方法可以消除乳酸呢？

我们首先要知道乳酸是什么。乳酸是一种化学物质，呈酸性。酸性的物质可以和碱性的物质发生化学反应。所以，消除乳酸的方法就是让它和碱性的物质发生化学反应。

生活中一些食物和配料也有酸碱性。例如，厨房里的白醋是酸性的，使面包蓬松起来的小苏打是碱性的（图 5-3）。

图 5-3

我们常吃到的很酸的食物真的是酸性食物吗？

吃起来很酸的食物不一定就是酸性食物。

常见的酸性食物有：蛋黄、甜点、白糖、金枪鱼、火腿、鸡肉、猪肉、牛肉、面包、啤酒、海苔等。

常见的碱性食物有：葡萄、茶叶、海带、柑橘类水果、黄瓜、胡萝卜、番茄、香蕉、草莓、蛋白、梅干、柠檬、菠菜、苹果、豆腐、梨、马铃薯等。

吃起来很酸的柑橘、山楂、杨梅、番茄等经过体内代谢后，对人体的最终影响是碱性的。

食物的酸碱性

如何鉴别食物的酸碱性？

（1）取几滴石蕊试剂加入塑料杯中。

（2）分别加入等量的不同食物制成的溶液。

（3）震荡均匀，观察现象。

你观察到什么现象？完成下面的实验记录表（表5-1）。

表5-1

检测对象	实验现象	酸碱性
茶水	液体变红	酸性
柠檬汁	液体变红	酸性
白糖水	液体变蓝	碱性

事实上，由于人体内的代谢，酸性食物和碱性食物的定义与检测的结果并不一致。

如何通过检测结果判断食物的酸碱性？

_____

_____

第5课 会呼吸的痛：有氧运动与无氧运动

想一想

生活中我们可以做些什么来减少发生肌肉酸痛？

_____

_____

练一练

1. [单选]下列关于乳酸的说法，正确的是（　　）。
   A．乳酸是一种化学物质，对人体不仅没有帮助，而且有害
   B．乳酸不能添加在食品中
   C．乳酸可用于消毒
   D．厕所、浴室和咖啡机等的清洁不能使用乳酸

2. [单选]关于有氧呼吸和无氧呼吸，下列说法正确的是（　　）。
   A．都需要氧气参与　　　　　B．都能彻底分解葡萄糖
   C．分解葡萄糖后的产物都相同　　D．都能为生命活动提供能量

你知道是谁发明了紫色石蕊试剂吗？你知道还有哪些酸碱指示剂？查阅相关资料后，和你的同伴一起分享。

_____

_____

_____

_____

_____

足球场上的刚与柔：骨骼的结构与功能

在足球场上运动员们经常会发生激烈冲撞，激烈的冲撞可能会对骨骼造成损伤。我们应该如何保护自己的骨骼(图6-1)？

图6-1

第6课 足球场上的刚与柔：骨骼的结构与功能

 直播间

练一练

1 [单选]身体中最硬的结构是（　　）。
　A．皮肤　　　B．肌肉　　　C．指甲　　　D．骨骼

2 [单选]支撑身体的人体结构是（　　）。
　A．皮肤　　　　　　　　　B．肌肉
　C．骨骼　　　　　　　　　D．身体各个器官

 动手动脑

膝盖骨骼

请在下列框图中或平板电脑上，描画一下膝盖部位的骨骼吧！

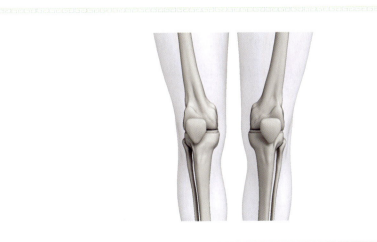

查阅与膝盖骨骼相关的资料，与你画的膝盖骨骼进行对照，看看它们有什么不同？

骨骼是人或动物体内或体表坚硬的组织。骨骼的形状不同，也有复杂的

结构。骨与骨之间一般由关节和韧带连接。

想一想

如果没有骨骼,我们的身体会怎样?我们能进行足球运动吗?

骨骼有什么作用?在足球运动中它起到什么作用(图6-2和图6-3)?

图6-2

图6-3

骨骼的功能是运动、支持和保护身体,造血,储藏矿物质。骨骼的成分之一是矿物质化的骨骼组织,其内部是坚硬的蜂巢状立体结构。骨骼内部还包括骨髓、骨膜、神经、血管和软骨。

想一想

为什么骨骼的内部结构是这样的(图6-4)?

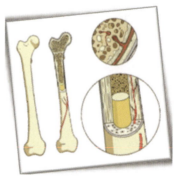

图6-4

第6课 足球场上的刚与柔：骨骼的结构与功能

假如骨骼是实心的会怎样？

_____

_____

下列一组X光照片显示的是运动员在进行足球运动时主要用到的骨骼（图6-5），请在相应图片下面或在平板电脑上写出X光照片对应的身体部位名称。

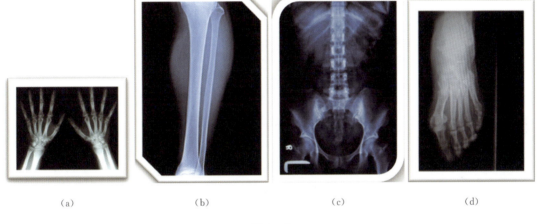

(a)　　　　　　(b)　　　　　　(c)　　　　　　(d)

图6-5

我们全身一共有多少块骨头？

成人共有206块骨头，分为颅骨、躯干骨和四肢骨3个部分。儿童的骨头实际上是217～218块，初生婴儿的骨头多达305块，儿童有些部位的骨头在长大成人后会合为1或2块。

在进行足球运动时，除了用到以上骨骼外，还会用到哪些骨骼？请在平板电脑上点击图片进行选择，或在下列框图中进行回答。

你知道有哪些骨骼之最(图 6-6)？

图 6-6

人体骨骼最多的部位是在哪里(图 6-7)？

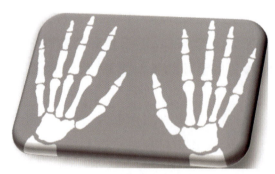

图 6-7

人体最大的骨骼是什么(图 6-8)？

第6课 ▶▶ 足球场上的刚与柔：骨骼的结构与功能

图 6-8

想一想

上述哪些骨骼参与了足球运动？

练一练

1. 骨骼是人或动物体内或体表坚硬的部分。下列不属于骨骼功能的是（　　）。
   A．运动、支持和保护身体　　B．制造红细胞和白细胞
   C．贮存身体重要的矿物质　　D．提供能量

2. 暂时不会影响足球运动员运动的是（　　）。
   A．皮肤被划破
   B．骨头和骨头连接的关节脱臼
   C．骨骼连接的结构——韧带断裂
   D．脚部骨骼上附着的肌肉扭伤

在日常生活中,应该怎样让自己的骨骼更加坚固?

足球医疗队：骨骼运动损伤

当我们在足球运动中意外受伤,应该怎么办(图7-1)?

图7-1

一个足球队除了运动员之外,还需要有哪些成员(图7-2)?

汉斯-威廉·穆勒-沃尔法特是一名德国骨科医生、运动医学专家,曾在拜仁慕尼黑队担任队医,在治疗运动损伤方面位居世界领先地位。沃尔法特曾

足球中的科技（上册）

图 7-2

经为马拉多纳、贝肯鲍尔、乔丹、博尔特等体育巨星服务，帮助无数运动健将摆脱伤病，堪称"足坛第一神医"。

你知道有哪些有名的队医？

_____

_____

足球场上发生冲撞，一位队员的腿在冲撞中骨折，你所在的医疗小组要对他进行快速救治，应该怎么做？

_____

_____

我是小医生

下面就以常见的骨折为例，让我们来做一回小医生。在下列框图中或平板电脑上完成骨骼的连接。要求如下。

（1）用 PVC 管模拟骨骼，用海绵模拟肌肉，用橡皮管模拟血管，搭建断肢模型。

（2）自主分组，分配角色（医生与护士）。

第7课 足球医疗队：骨骼运动损伤

（3）接续断开的模拟骨骼。

我们在接续骨骼的时候应该注意什么？

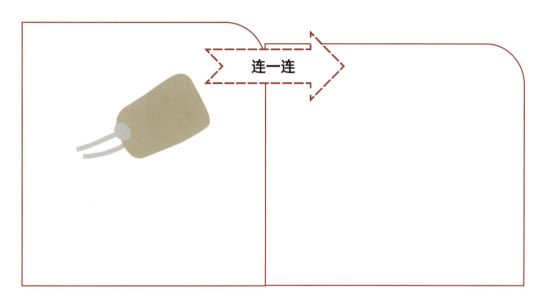

想一想

在足球运动中，运动员的身体可能会受到哪些损伤？

_____

_____

足球运动员容易损伤的部位是腰、膝、踝三关节，膝伤中以髌骨劳损所占比例较大（图7-3和图7-4），踝伤中以外侧韧带损伤所占比例较大（图7-5）。

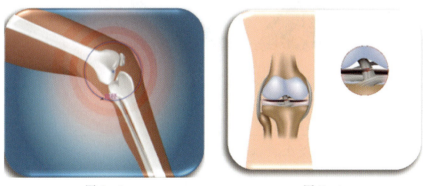

图7-3　　　　　　　　图7-4

图 7-5

除了易损伤的腿部,足球运动员的腰部也是需要加强保护的部位。另外,守门员的手部是容易受伤的部位。

想一想

请在平板电脑中观看足球队医救治足球运动员的视频,并回答下列问题。

在足球运动中,如果发生骨折应该怎么办(图 7-6)?

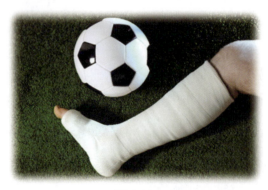

图 7-6

_____

_____

在足球运动中,如果发生脚扭伤应该怎么办(图 7-7)?

_____

_____

在足球场上,还会发生什么意外?我们应该怎么应对?

第 7 课 足球医疗队：骨骼运动损伤

图 7-7

练一练

1 [单选]骨科器械一般是指专门用于骨科手术的专业医疗器械，在下列物品中不属于骨科器械的是（　　）。

A．钢钉　　　　B．夹板　　　　C．石灰　　　　D．探针

骨科医生在治疗的时候使用骨科器械。骨科器械一般指专门用于骨科手术用的专业医疗器械。按照使用用途和性能划分，可以分为关节器械、脊柱器械、创伤器械和基础器械等(图 7-8)。

图 7-8

想一想

(1) 在下列图片中(图 7-9),哪些是骨科医生的装备？哪些是木工的装备？

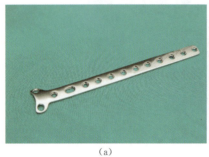
(a)

(b)

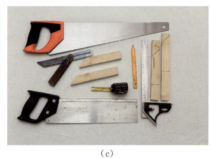
(c)

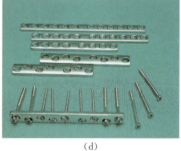
(d)

图 7-9

(2) 这些装备分别有哪些用途？

(3) 骨科医生的装备和木匠的装备有什么区别？

足球运动的发动机：肌肉的结构与功能

图8-1中的同学在做什么？他们的动力来源于身体哪部分的结构？

图8-1

踢足球时需要哪些部位共同参与(图8-2)？

图8-2

足球中的科技（上册）

想一想

踢足球的每个动作都离不开肌肉的作用，你对肌肉有哪些认识？

看肌肉猜作用

请在平板电脑上完成游戏"看肌肉猜作用"（图8-3）。

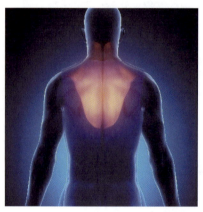

图8-3

在进行足球运动时，会用到身体各个部分的肌肉。请观察下列或平板电脑上的图片（图8-4和图8-5），并回答问题。

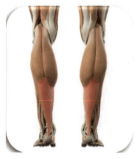
图8-4

图8-5

第8课 足球运动的发动机：肌肉的结构与功能

（1）观察图中的肌肉，它们的形状分别是＿＿＿＿＿＿＿＿＿＿＿＿
＿＿＿＿＿＿＿＿＿＿＿＿＿＿＿＿＿＿＿＿＿＿＿＿＿＿＿＿＿＿＿＿
＿＿＿＿＿＿＿＿＿＿＿＿＿＿＿＿＿＿＿＿＿＿＿＿＿＿＿＿＿＿＿＿

（2）图中的肌肉分别在人体的位置是＿＿＿＿＿＿＿＿＿＿＿＿＿
＿＿＿＿＿＿＿＿＿＿＿＿＿＿＿＿＿＿＿＿＿＿＿＿＿＿＿＿＿＿＿＿
＿＿＿＿＿＿＿＿＿＿＿＿＿＿＿＿＿＿＿＿＿＿＿＿＿＿＿＿＿＿＿＿

（3）图中的肌肉在人体中的作用分别是＿＿＿＿＿＿＿＿＿＿＿＿
＿＿＿＿＿＿＿＿＿＿＿＿＿＿＿＿＿＿＿＿＿＿＿＿＿＿＿＿＿＿＿＿
＿＿＿＿＿＿＿＿＿＿＿＿＿＿＿＿＿＿＿＿＿＿＿＿＿＿＿＿＿＿＿＿

肌肉是什么样的结构呢？

肌肉主要由肌肉组织构成。肌细胞的形状细长，呈纤维状，故肌细胞通常称为**肌纤维**。人体共有639块肌肉，大约由60亿条肌纤维组成，其中最长的肌纤维可达60厘米，最短的肌纤维仅有1毫米左右。

手绘肌肉结构

请在下列框图中或平板电脑上，画出守门员的手臂肌肉图，记得上色哦！

肌肉的结构应该是怎样的(图 8-6)?

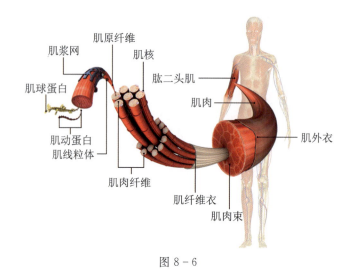

图 8-6

肌肉是怎么运动的呢？

在足球场上，守门员主要用他的双手来进行比赛运动。图 8-7 为手臂肌肉的运动图示。

肌肉的收缩和舒张，牵引着骨骼而产生关节的运动，其作用犹如杠杆装置(图 8-8)。

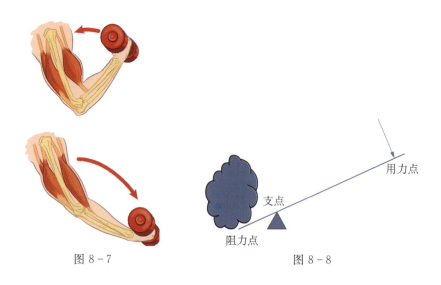

图 8-7　　　　　　图 8-8

第 8 课 足球运动的发动机：肌肉的结构与功能

肌肉的收缩和舒张是发挥功能的重要保障。保护肌肉就是保持肌肉适度的收缩和舒张，以及通过锻炼增强肌肉收缩和舒张的能力(图 8-9)。

人的小腿有哪些肌肉(图 8-10 和图 8-11)？在进行足球运动的时候，它们分别是什么状态？

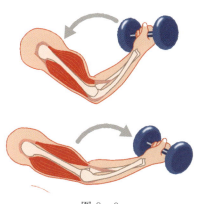

图 8-9

图 8-10

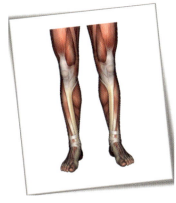

图 8-11

想一想

在踢足球的过程中，下肢肌肉是如何运动的？

动手动脑

搭建下肢模型

1. 模型种类：足球运动员下肢模型。
2. 实验材料：_____
3. 注意事项：_____

4. 搭建步骤：_____

5. 实验讨论

（1）观察搭建好的下肢模型，模拟人体运动的过程。

（2）抬腿时收缩的肌肉是_____

抬腿时舒张的肌肉是_____

（3）更换运动方式，观察肌肉的舒张与收缩。

1　[单选]肌肉是通过（　　）工作的。

　　A．收缩　　　B．拉伸　　　C．收缩和拉伸　　D．旋转

2　[多选]在力的作用下能绕着固定点转动的硬棒就是杠杆。在生活中根据需要，杠杆可以做成直的，也可以做成弯的。下列物品中属于杠杆的是（　　）。

　　A．钓鱼竿　　　B．啤酒开瓶器　　C．跷跷板　　　D．剪刀

瞭望台

足球运动前的热身应该满足4个方面的要求：

（1）提高心率，加快血液循环，提高摄氧能力；

（2）提高体温，防止肌肉痉挛；

（3）做好拉伸，提高关节活动能力，避免受伤；

（4）激活肌肉，激活目标发力的肌肉及负责稳定的肌肉群。

在生活中应该如何保护我们的肌肉？

第 8 课 足球运动的发动机：肌肉的结构与功能

第 9 课

足球运动的供氧机：肺的结构与功能

坐着不动时，你能憋气多久(图9-1)？

图 9-1

假如在足球场上一边运球、一边憋气，你能憋气多久(图9-2)？

图 9-2

第9课 足球运动的供氧机：肺的结构与功能

直播间

我们可以离开呼吸吗？

每个人都离不开呼吸。在足球场上，顺畅的呼吸更是运动员发挥水平的重要条件。

想一想

假如不能顺畅地呼吸，运动员在足球场上会发生什么情况？

什么是呼吸？我们为什么要呼吸？

呼吸是人体和外界进行气体交换的活动。我们需要通过呼吸，不断地从环境中摄取氧气并排出二氧化碳，从而维持生命活动。

想一想

呼吸运动和我们前面学习的呼吸作用有什么区别？

在足球运动前后，呼吸频率有什么变化？

动手动脑

欢乐蹦蹦跳

（1）静坐，测试一分钟的呼吸次数（图9-3）。
（2）原地做蹲起10个，测试一分钟的呼吸次数。
探究运动前后人呼吸频率发生的变化情况。

图9-3

想一想

为什么呼吸频率会发生变化?

在运动过程中和运动完成之后,身体需要更多的氧气,这时必须加快呼吸,才能获得更多的氧气来满足身体的需求。

怎样才能在一定时间内获得更多的氧气?

在足球运动中,气息保持稳定是运动员必备的素质之一。因此,每个运动员都需要在运动中练习如何调整呼吸。

我们是怎么呼吸的呢(图9-4)?

图9-4

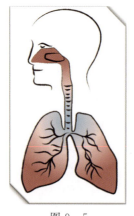

图9-5

我们通过什么来呼吸?

我们通过呼吸系统来完成呼吸(图9-5)。**呼吸系统**包括呼吸道(鼻腔、咽、喉、气管、支气管)和肺,**呼吸道**是气体进出肺的通道。

在呼吸时,呼吸系统是怎样运动的?

我们在吸气的时候,肋间肌会收缩,下方膈肌会收缩,肋骨会向上、向外运动,整个胸腔的体积就增大,肺也增大,这样空气就进入肺中。

我们在呼气的时候,肋间肌会舒展,下方膈肌会舒张,肋骨会向下、向内运动,整个胸腔的体积就减小,肺也减小,这样肺部气体就顺利排出体外。

呼吸系统的模型

1. 模型种类:呼吸系统模型。
2. 实验材料:瓶子和瓶塞,橡皮膜,吸管,气球,胶带。
3. 注意事项:轻拉橡皮膜,幅度不要太大。
4. 搭建步骤:_____

_____

_____

_____

观察搭建好的呼吸系统模型,模拟人体呼吸运动的过程。

呼气时发生了什么变化?吸气时又发生了什么变化(图9-6)?

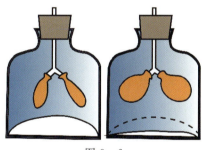

图9-6

_____

_____

想一想

雾霾天气适合进行足球运动吗?为什么?

_____

_____

什么是雾霾?

雾霾是雾和霾的组合词。雾霾是特定气候条件与人类活动相互作用的结果,是灾害性天气的一种。人类活动排放大量的细颗粒物,一旦排放超过大气的循环能力和承载度,其浓度将持续积聚,极易出现大范围的雾霾(图9-7)。

图9-7

雾霾会对呼吸系统产生影响吗?

呼吸系统有一定的过滤与自我清洁功能。但是,如果雾霾过于严重,建议佩戴口罩,减少开窗,减少出行。

练一练

1. [单选]呼吸运动又称气体交换或呼吸,是指人和高等动物的机体同外界环境进行气体(主要为氧气和二氧化碳)交换的整个过程。下列关于呼吸运动错误的是(　　)。
   A．呼吸运动包括吸气和呼气两个过程
   B．吸气时主要吸入的是氧气,呼气排出体外的主要是二氧化碳
   C．平和吸气时,膈肌与肋间外肌收缩,肺随之缩小
   D．人主要靠肺呼吸

2. [单选]呼吸系统是执行机体和外界进行气体交换的身体结构的总称。下列不属于呼吸系统内的身体结构是(　　)。
   A．鼻子　　　B．咽部　　　C．声带　　　D．肺

第9课 足球运动的供氧机：肺的结构与功能

瞭望台

我们应该怎样保护自己的肺？

足坛小宇宙：耐力与爆发力

在足球场上，什么样的运动员适合进行铲球(图 10-1 和图 10-2)？

图 10-1　　　　　　　　　　　图 10-2

什么样的足球运动员能够进行整场比赛，而不会被替换下场？

直播间

不同运动员的能力不同，在团体运动中扮演的角色也不同。

在足球场上，爆发力强的运动员一般会追赶对手，伺机进行铲球(图 10-3)。

图 10-3

第10课 足坛小宇宙：耐力与爆发力

在足球场上能够坚持运动至比赛结束的运动员，一般具有较强的耐力，就像马拉松运动员要有足够的耐力，才能跑完 42.195 公里全程(图 10-4)。

图 10-4

爆发力和耐力在足球运动中都有着非常重要的作用。

大家认为爆发力和耐力哪一个更加重要？

_____

_____

读一读

在皇马对阵巴萨的国王杯决赛上，贝尔在第 85 分钟打进一粒逆天进球，科恩特朗传球，中前场位置的贝尔从外线赶超巴尔特拉后，突破至小禁区左上角捅射入网。贝尔靠着自己的个人能力将比分改写成"2∶1"，也为皇马赢得了历史上第 19 座国王杯。

当贝尔触球那一刻，巴萨后卫巴尔特拉将他挤出边线外，但是贝尔靠着出色的爆发力和速度，从身后反超巴尔特拉，把球带进禁区，直射死角，打进了一粒堪称逆天的进球。看到这个进球，球迷都惊呆了。两点之间直线最短？不，"贝尔最短"。有的球迷开玩笑说："贝尔发明了一个词'self-assist'（自己助攻自己），贝尔一脚传给 3 秒后的自己。"

根据西班牙媒体《马卡报》的报道，贝尔的这次进球奔跑了 58 米，用时仅 8 秒，贝尔当时的速度竟然高达 27 千米/小时！这让人不得不惊叹贝尔的速度！

贝尔为什么爆发力出众？爆发力和耐力都与什么相关呢？

_____

_____

贝尔的爆发力与他的肌肉特征密不可分。

肌肉可以分为白色肌肉和红色肌肉两种类型。白色肌肉丰富的爆发力更加出色，而红色肌肉丰富的耐力更加出色(图 10-5)。

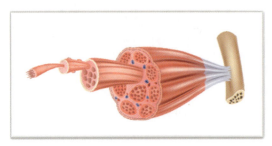

图 10-5

为什么肌肉会呈现不同的颜色？

肌肉的红色是血管中红细胞的颜色(图 10-6)。肌肉呈现红色的主要原因是长时间的剧烈运动需要更多的红细胞供应氧气，红细胞数量越多，肌肉的红色越明显。

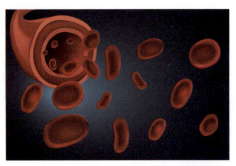

图 10-6

肌肉得到锻炼的主要是白色肌肉纤维。白色肌肉纤维横断面较粗，因此，肌群容易发达、粗壮。

想一想

红色肌肉和白色肌肉的数量会发生变化吗？有什么样肌肉的人适合当足球运动员？

第10课 足坛小宇宙：耐力与爆发力

红白连连看

请在下列框图中或平板电脑上完成游戏"红白连连看"(图 10 – 7)。

(a)

(b)

(c)

(d)

图 10 – 7

在上面的图片中，红色肌肉发达的是＿＿＿＿＿＿＿＿＿＿＿＿＿＿＿＿＿＿＿＿＿＿＿＿＿，白色肌肉发达的是＿＿＿＿＿＿＿＿＿＿＿＿＿＿＿＿＿＿＿＿＿＿＿＿＿＿。

红肌与白肌的变化

（1）请在一根木杆上绑上不同数量的两种颜色的气球，其中，红色气球代表红色肌肉，白色气球代表白色肌肉。

（2）思考运动健身达人的肌肉主要是红色肌肉还是白色肌肉，并给这些

运动健身达人的"肌肉"充气,模拟锻炼之后的形态。

(3) 观察红气球和白气球的变化,将相应的变化填写在记录表中(表 10-1)。

表 10-1

变化	红色肌肉	白色肌肉
肌肉数量		
肌肉形态		

练一练

1. [单选]马拉松运动员比较发达的肌肉是( )。
   A．红色肌肉　　　　　　B．白色肌肉
2. [单选]足球运动员的爆发力强是因为他们的( )。
   A．红细胞比较多　　　　B．红色肌肉发达
   C．白色肌肉发达　　　　D．肌肉比较多

你知道足球运动员是怎么进行体能训练的吗?

足球加油站：功能性饮料的奥秘

足球运动员在运动后应该如何补充能量和水分(图 11-1)？

图 11-1

_____

你知道哪些运动饮料的广告语？和你的同伴一起分享。

_____

_____

练一练

1 [单选]现在市面上的运动饮料五花八门，宣传材料上写着这些饮料各种各样的功能。以下关于功能饮料描述正确的是(　　)。

A．功能饮料是指经过调整营养素的成分和含量比例的饮料
B．功能饮料能代替水
C．功能饮料只分为营养素饮料和运动饮料两类
D．功能饮料适合任何人

功能饮料是指通过调整饮料中天然营养素的成分和含量比例,以适应某些特殊人群营养需要的饮品,其主要作用为抗疲劳和补充能量。足球运动员可以根据自己身体的需要选择合适的功能饮料来快速补给能量和水分等(图11-2)。

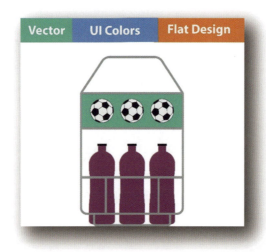

图 11-2

运动饮料真的那么神奇吗?里面有哪些成分?请调查一下运动饮料所含成分。

_____

_____

找相同

请在下列框图中或平板电脑上查找运动饮料的相同成分(表11-1)。

第11课 足球加油站：功能性饮料的奥秘

表 11-1

名称	成　　分	容器材料	保质期
饮料 A	水、白砂糖、食用葡萄糖、柠檬酸、柠檬酸钠、磷酸二氢钾、食用盐、食用香精	PET 塑料瓶	12 个月
饮料 B	水、白砂糖、果葡糖浆、食品添加剂（柠檬酸、柠檬酸钠、氯化钾）、食用香精、牛磺酸、大豆肽粉、食用盐（不含碘）、烟酰胺、维生素 B6（盐酸吡哆醇）	PET 塑料瓶	12 个月
饮料 C	水、白砂糖、浓缩苹果汁、食用盐、食品添加剂（酸度调节剂（330（柠檬酸）））、柠檬酸三钠、冰乙酸、食用香精、其他（508（氯化钾））、抗氧化剂（300（维生素 C）、316（异抗坏血酸钠））、甜味剂（955（三氯半乳蔗糖））	PET 塑料瓶	9 个月

3 种运动饮料中共同含有的成分是＿＿＿＿＿＿＿＿＿＿＿＿＿＿＿

＿＿＿＿＿＿＿＿＿＿＿＿＿＿＿＿＿＿＿＿＿＿＿＿＿＿＿＿＿

想一想

你喝过或者见过哪些运动饮料？里面也有这些成分吗？

＿＿＿＿＿＿＿＿＿＿＿＿＿＿＿＿＿＿＿＿＿＿＿＿＿＿＿＿＿

＿＿＿＿＿＿＿＿＿＿＿＿＿＿＿＿＿＿＿＿＿＿＿＿＿＿＿＿＿

运动饮料中有哪些主要成分？

运动饮料中的主要成分有水、糖、食用盐和食品添加剂，查阅相关资料后写出你的答案(表 11-2)。

表 11-2

成分	糖	盐	水	食品添加剂
功能				调味，改善口感，其他

练一练

1 ［多选］我们需要摄入盐的原因是（　　）。

A．烧菜时需要用到盐　　B．别人用了盐

C．有利于维持人体正常发育　　D．人体含有盐

盐不仅是重要的调味品,也是维持人体正常发育不可缺少的物质。

在足球比赛期间,我们经常能看到运动员们喝下蓝色、黄色等不同颜色的"水"(图 11-3)。他们喝的到底是什么"水"呢?

图 11-3

足球运动员喝的是特制的功能饮料,它的成分与我们购买到的功能饮料不同,在市面上是很难买到的。

足球运动员的功能饮料是由队内的营养师特意调配的,可以满足不同人的不同需求。

调制运动饮料

请在课堂上或在平板电脑上为刚结束足球运动的自己调制一杯运动饮料(图 11-4)。

图 11-4

第11课 足球加油站：功能性饮料的奥秘

注意：由于课堂调配的饮料不是在无菌条件下进行的，请不要饮用哦！

1. 饮料名称：_____
2. 饮料种类：运动饮料。
3. 饮料作用：_____
4. 所需材料及用量：_____
_____
_____
5. 调配步骤：_____
_____
_____
_____
_____

设计产品包装和商标：

想一想

在制作运动饮料时，我们应该往饮料中添加多少盐和糖？

_____
_____

练一练

1 [多选]溶液是由至少两种物质组成的混合物质,被分散的物质(溶质)以分子分散于另一物质(溶剂)中。所有溶液都具有的特点是(　　)。
A．均一性　B．稳定性　　C．有颜色　　D．透明

广义上的运动饮料可以分为低渗饮料、等渗饮料、高渗饮料以及功能饮料。

（1）低渗饮料中含有较低的盐和糖浓度。

低渗饮料适合在运动中快速补充水分。例如,脉＊、水＊＊属于低渗饮料。

（2）等渗饮料中所含的盐分、糖分和人体体液相似。

等渗饮料在大多数运动中都适合饮用,可以补充运动所需的能量和矿物质。等渗饮料的含糖比一般在5％～8％,浓度与人体体液接近,能迅速被身体吸收。

（3）高渗饮料中含有较高的盐和糖浓度。

高渗饮料可以补充糖分和能量。但是,高渗饮料不利于快速补充水分,胃部消化也较慢,不适合在大量流失水分后饮用。建议运动后休息一段时间再饮用。

（4）功能饮料中添加了其他成分。

部分功能饮料添加牛磺酸或咖啡因等成分,可以快速消除身体的疲劳感。此类功能性饮料儿童不建议饮用。

小明运动时总喜欢喝运动饮料,并且认为运动饮料能完全缓解运动后的疲劳。请问小明的说法对吗？

_____
_____
_____
_____

第12课

聪明的运动员：脑的结构与功能

你知道足球有哪些战术吗(图12-1)？和你的同伴一起分享。

图12-1

直播间

你知道"足球智商"吗？

在足球场上，不仅考验一个人的运动能力，还会考验他的思维能力，这就是**足球智商**。很多优秀的足球运动员都有着非常不错的思维能力(图12-2)。人体的动作与脑的运作其实密不可分。

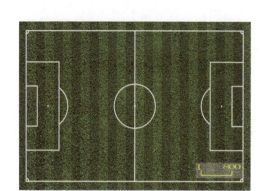

图 12-2

> **想一想**

在足球场上,哪些行为体现了足球智商?

_____

_____

脑长什么样?比较观察它和核桃的形状(图 12-3 和图 12-4)。

图 12-3   图 12-4

脑和核桃的共同点是_____

_____

> **想一想**

脑有哪些特征?

_____

不同的动物是如何踢足球的(图 12-5)?

第12课 聪明的运动员：脑的结构与功能

图 12-5

请在平板电脑上观看不同动物的脑结构图。

想一想

不同动物踢足球的方式相同吗？它们的脑结构分别是什么样的？

_____

_____

想一想

动物的踢球技术能达到我们人类的水平吗？为什么？

_____

_____

人脑表面凹凸有致，有很多回路(图 12-6)。请观看平板电脑上人脑发育过程的视频。

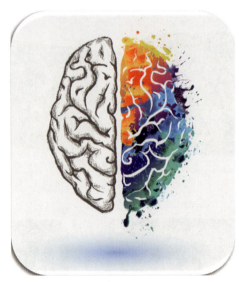

图 12-6

  胚胎时期的人脑比较光滑,随着年龄的增长,脑的褶皱变多。与小时候相比,成年人能够做更多复杂的认知活动,这些信息都储存在大脑皮层,因此,要在头盖骨有限的空间内实现更大的皮层面积,这就需要折叠。

  脑可以分为哪些部分?

  人脑可以分为大脑、小脑、脑干和其他组成(图 12-2)。人类的大脑皮层最为发达,是思维的器官,主管人体的高级功能,如语言、运动、思维、视觉等;小脑主要的功能是维持和调节肌肉,保持身体的平衡;脑干调节人体的呼吸、循环、血压等生命体征。它们具有不同的功能,都至关重要。

图 12-7

第12课 >> 聪明的运动员：脑的结构与功能

探究脑损伤的症状

对于脑部受损的患者，从哪些现象能判断他是脑部哪个部分受损？

（1）大脑损失导致的症状：_____

（2）小脑损失导致的症状：_____

（3）垂体损失导致的症状：_____

练一练

1. [单选]人脑可分为大脑、小脑、脑干和其他组成，具有多种功能。其中被称为"思维的器官"的结构是（　　）。
   A．大脑　　　　B．垂体　　　　C．小脑　　　　D．脑干

2. [单选]有一脑部受损的患者，走路一直晃晃悠悠，站不稳，有时还会摔跤。这位患者脑的（　　）受损。
   A．大脑　　　　B．小脑　　　　C．脑干　　　　D．延髓

脑是由什么组成的呢？

所有的脑，包括大脑、小脑、脑干等，都是由基本单位——神经元构成。**神经元**又称**神经细胞**，是构成神经系统结构和功能的基本单位(图12－8)。神经元中有信息传递，脑所要完成的工作就是整理、组织信息。

图12－8

和普通细胞相比，神经元有什么异同点？

___
___
___
___
___

足球脑地图：丰富多彩的功能区

你知道爱因斯坦大脑的故事吗？科学家们对他的大脑做了哪些研究（图 13-1）？

图 13-1

查阅相关资料后写出你的答案，和你的同伴一起分享。

_____

_____

我们如何抬起左脚踢球（图 13-2）？

运动员在足球场上的每个行为都受到脑的控制，大部分功能集中在大脑皮层，大脑皮层上又有很多区块（图 13-3）。

图 13-2

图 13-3

大脑皮层上有哪些区块？这些区块分别有什么功能？

大脑皮层上分布着躯体感觉区、躯体运动区、视区、听区、语言中枢、书写中枢等。

足球场上的哪些行为分别与大脑皮层上的哪个脑区有关？

足球运动员的奔跑，主要与大脑中的躯体运动区有关(图 13-4)。

运动员受伤后感到疼痛，主要与大脑中的躯体感觉区有关(图 13-5)。

教练和运动员们讨论战术，主要用到大脑的视区、听区、语言中枢、书写中枢等(图 13-6)。

图 13-4

图 13-5

图 13-6

第13课 足球脑地图：丰富多彩的功能区

想一想

在日常生活中，有哪些行为分别与哪个脑区有关？

_____

_____

举例说明足球场上的行为与哪个脑区有关？

_____

_____

运动员在看到队友传来的足球时，首先将看到的信息传递到自己的大脑中，经过大脑的判断、分析和决策，让相应的身体部位作出动作。

即兴表演——有趣的大脑功能区

你了解大脑皮层不同区域的功能了吗？现在让我们来试一试吧！

（1）制作不同区域失灵的小卡片。

（2）同学们随机抽取不同的区域。

（3）即兴表演不同区域失灵的相关症状。

你抽到了哪张卡片？为大家表演了什么症状？

_____

_____

你所表演的患者在生活和工作中会有哪些不便之处？我们应该如何对待他们？

_____

_____

制作足球脑地图

请在平板电脑上完成拼图。

（1）完成脑拼图，并找出不同的功能区。

（2）列举足球场上的常见行为，并在脑拼图相应区域进行标注。

足球中的科技（上册）

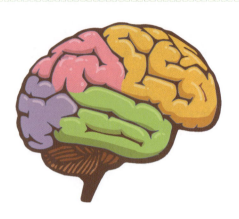

练一练

1. ［单选］人的大脑皮层最为发达，主导了机体内的一切活动过程，并调节机体与周围环境的平衡。下列关于大脑皮层及其功能区的说法，正确的是（　　）。

   A．某一功能区受到损伤，人将永久、完全地丧失该功能区所管理的功能
   B．人体的所有活动都受大脑控制，都要经过大脑的处理
   C．各功能区的大小与身体各部分的大小无关，但与人体运动的精细、复杂程度有关
   D．人的体温调节不受大脑的控制

瞭望台

在生活中，我们应该如何合理用脑？选取生活中常见的对脑有害的行为、有益的行为，查阅相关资料，制作用脑小贴士。

_____
_____
_____
_____

永不消失的电波：反射弧

不小心被针扎到会有什么反应(图 14-1)？你会做哪些动作？会有什么感觉？

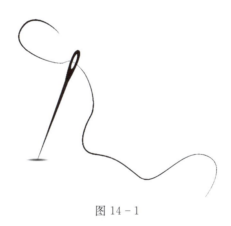

图 14-1

在足球场上飞来一只足球(图 14-2)，你会有什么反应？

人是怎么做出反应的？

人体所有的反应都是基于反射弧实现的。在足球场上，运动员们根据场上的形势，做出相应的动作，这些都是通过反射弧实现的。

图 14-2

那么,什么是反射弧呢?

反射弧是实现反射活动的神经结构,也是执行反射活动的生理基础。它是从接受刺激到做出反应,信号在神经系统内的路径。我们前面学习的神经元也是反射弧的组成部分(图 14-3)。

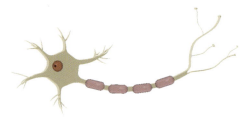

图 14-3

反射是一种自然现象,表现为受刺激物对刺激物的逆反应。

一个完整的反射弧包括哪几个部分?

一个完整的反射弧一般包括 5 个部分:感受器、传入神经纤维、神经中枢、传出神经纤维和效应器。

读一读

在生活中有哪些常见的反射活动(表 14-1)?

表 14-1

反射活动	感受器	主要的效应器
碰到烫的东西而不由自主地缩手(缩手反射)	手部的触觉感受器	手臂肌肉
接到同伴扔过来的物品	视觉感受器	手臂肌肉
听到别人的呼喊而转头	听觉感受器	颈部肌肉

第14课 >> 永不消失的电波：反射弧

你还知道哪些常见的感受器和效应器？请结合反射活动说一说。

_____

_____

足球运动员在足球场上有哪些反射活动？有哪些感受器和效应器（表14-2）？

表14-2

反射活动	感受器	主要的效应器
传球	视觉感受器	腿部肌肉
守门员接球	视觉感受器	腿部肌肉和手臂肌肉
带球过人	视觉感受器	腿部肌肉和腰部肌肉

人体的肢体活动基本通过反射完成。如果我们的手背被针刺到，通过反射，我们的手臂会收缩（图14-4）。

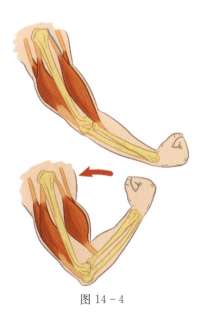

图14-4

想一想

一般人的反射活动与足球运动员的反射活动有不同吗？为什么会有

不同？

当足球飞过来时，一般人大都会用手臂保护自己的头部，或者避开足球；足球运动员的反应则是进行头球(图14-5)。

图14-5

这对足球训练有什么启示？

_____

_____

读一读

苏联生理学家、心理学家和医师伊凡·彼德罗维奇·巴甫洛夫是高级神经活动学说的创始人、高级神经活动生理学的奠基人、条件反射理论的建构者，也是传统心理学领域之外对心理学发展影响最大的人物之一。他在1904年荣获诺贝尔生理学奖，是第一位在生理学领域获得诺贝尔奖的科学家。

狗看到食物或闻到食物的香味，就会分泌唾液，这是它与生俱来的反应。这就是非条件反射。

在巴甫洛夫的实验中，每次给狗送食物以前先打开红灯、响起铃声。这样经过一段时间后，红灯一亮或铃声一响，狗就开始分泌唾液(图14-6)。这就是条件反射。

第14课 >> 永不消失的电波：反射弧

图 14 - 6

反射分为条件反射和非条件反射。**条件反射**是后天学习逐渐形成的。**非条件反射**是与生俱来的，在相应的刺激下，不需要后天的训练就能引起反射性反应。

条件反射与非条件反射

请在下列框图中或平板电脑上将图片正确归类(图 14 - 7)。

(a)

(b)

83

(c)　　　　　　　　　　(d)

图 14-7

属于条件反射的是　　　　　　属于非条件反射的是

敲一敲

（1）两人一组，实验者坐在椅子上，一条腿自然地搭在另一条腿上。

图 14-8

第14课 >> 永不消失的电波：反射弧

(2) 实验者用手掌内侧边缘快速地叩击被实验者上面那条腿膝盖下方的韧带(图 14-8)。

(3) 注意观察小腿的反应。

膝跳反射的反射弧是由哪几部分组成的？
___
___

膝跳反射的感受器和效应器分别是什么？
___
___

当你去敲击膝腱时，会发生什么现象？
___
___

想一想

当你完成膝跳反射时，大脑有意识吗？若没有的话，下意识控制自己的膝盖，观察膝跳反射是否发生？
___
___

练一练

1. [单选]2016年曾有一场人类对抗人工智能AlphaGo的围棋大赛。比赛中人类棋手分析棋局并作出判断的部位，属于反射弧中的(　　)。
   A．感受器　　　B．效应器　　　C．传出神经　　　D．神经中枢

机器人是一种机器生命，是对自然生命的模拟(模仿)，需要表现类似人和动物的"刺激-反应"行为和"感知-行动"机能，因而也有自己的感官(感觉器官)。实际上，机器人也是一种"刺激-反应"体，并且具有形成"刺激-反应"过程的"反射弧"，当然这是机电式反射弧。

天生小球星：基因的作用

布拉格父子共同荣获1915年的诺贝尔物理学奖。汤姆逊父子分别是1906年、1937年诺贝尔物理学奖得主。你还知道哪些子承父业的例子吗（图15-1）？和你的同伴一起分享。

图15-1

你知道马尔蒂尼父子的故事吗？

塞萨尔·马尔蒂尼是第一个举起欧冠奖杯的意大利人，在意大利足坛，他就是一面旗帜。他的儿子保罗·马尔蒂尼以比父亲还要稳健的表现赢得人们的广泛尊重，并且和父亲一样，成为AC米兰队的队长（图15-2）。

天赋真的可以遗传吗？

基因是非常强大的，很多天赋都会通过基因遗传给后代。现代遗传学还

第15课 天生小球星：基因的作用

图 15-2

认为，人的努力也会遗传给后代。

什么是遗传？

在生活中我们知道"种瓜得瓜，种豆得豆"。孩子在父母身上也能找到自己的影子。我们把这种亲子之间存在相似性，性状可以从亲代传递给子代的现象称为**遗传**。

想一想

你还能举出遗传的其他例子吗？

_____

_____

如果父母的头发是卷发，孩子的头发也是卷发；如果父母的眼睛都是双眼皮，孩子的眼睛也是双眼皮⋯⋯这些现象都是遗传的结果。我们除了遗传父母的外貌特征之外，还可能会遗传父母的性格品质与天赋，就像马尔蒂尼父子之间运动天赋的遗传。

我们如何更好地选拔足球运动员呢？

_____

_____

遗传的载体是什么？

在电影《侏罗纪公园》中，科学家从琥珀里提取了恐龙的DNA，从而完美地重现了恐龙。DNA即脱氧核糖核酸，是主要遗传物质。

DNA的结构是什么样的？

DNA由两条长链组成，一条链中的一个单位与另一条链中有对应关系的单位相互配对,形成双链。

DNA 的两条长链是相互平行的,并盘旋形成双螺旋结构(图 15 - 3)。

图 15 - 3

DNA 的双螺旋结构是怎么形成的?

我们在生活中一定见过麻花,DNA 的双螺旋结构和麻花的结构有相似的地方(图 15 - 4 和图 15 - 5)。

那么,麻花是怎么制作的呢?

首先,取两根长条状的面片,平行摆放在桌上。

DNA 中的单位分别连成两条平行的链,两条链再由碱基相互配对。

接着将平行的两根面片拧成螺旋状。

图 15 - 4

两条平行的 DNA 链旋转形成螺旋状。

图 15 - 5

第15课 >> 天生小球星：基因的作用

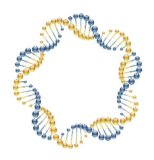

将螺旋状的面片进一步拧成麻花状，这就是日常生活中见到的麻花。

图 15-4

螺旋状的 DNA 双链进一步螺旋，生物体内的 DNA 以这种形式存在。

图 15-5

双螺旋结构

有 4 种颜色的吸管和牙签，请你拼搭一个双螺旋结构，你会如何搭建呢？请在平板电脑上，搭建一个 DNA 模型吧！

带有遗传信息的 DNA 片段称为**基因**。DNA 分子中还存在很多"无效"片段，基因只是其中的一小部分(图 15-6)。

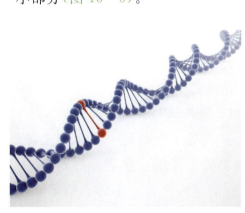

图 15-6

优秀的足球运动员具有哪些基因？让我们一起来猜想一下吧。

搭建DNA分子模型

请在平板电脑上,从给出的基因片段中,选择优秀运动员具有的基因片段,并将你选择的片段拼接起来,搭建一个优秀运动员的DNA分子模型吧(图15-7)!

图15-7

提示:

(1) 优秀的足球运动员有哪些基因?

(2) 这些基因如何连接成DNA分子?

事实上,我们在挑选足球运动员的时候,遗传现象只是其中一个参考依据,另一个选拔依据就是运动员自身的努力!

你知道梅西是如何成为足坛"巨人"的吗?

图15-8

里奥·梅西是一个手捧金球的巨人,但有谁能想到梅西曾是侏儒症患者。梅西在11岁时被确诊患有侏儒症,但他并没有放弃自己的足球梦想,他得到及时、合理的治疗,并不断地刻苦练习。凭借努力练就的精湛球技,年仅13岁、身高只有1.4米的梅西加入了巴塞罗那青年队。

梅西一边接受治疗,一边刻苦训练。他的身高仍比不过其他球员,但是他的球技却十分精湛。2006年梅西出征世界杯,成为当年最年轻的世界杯球员。2008—2009

年赛季,他率领球队连夺西甲、国王杯和欧冠 3 个冠军,成就了西班牙球队史无前例的"三冠王"。2009 年,梅西获得"世界足球先生"称号(图 15 - 8)。

正是凭着顽强的意志与不懈的努力,里奥·梅西改变了自己的不幸命运,成为世界足坛的一个传说!

练一练

1. [单选]DNA 就是脱氧核糖核酸,是一种最重要的生命基础分子,可组成遗传指令以引导生物遗传、生物发育与生命机能运作。下列关于 DNA 的说法,错误的是( )。
   A. DNA 长链是有很多个 DNA 分子组成的
   B. DNA 由两条链组合形成双螺旋结构
   C. DNA 中并不是所有的片段都含有遗传信息
   D. DNA 受到高温,双链可能会分开,变为单链状态

2. [单选]带有遗传信息的 DNA 片段称为基因。下列属于基因特点的是( )。
   A. 基因是 DNA 中的功能片段
   B. 一个基因是一个分子
   C. 一个 DNA 分子只有一个基因
   D. 能够直接从一个物体转移到另一个物体

瞭望台

你搭建的优秀足球运动员的 DNA 分子模型有什么优点和缺点?你有什么方法可以改进?查阅相关资料后写出你的答案。

图书在版编目(CIP)数据

足球中的科技.上册/宋凤文主编.—上海：复旦大学出版社，2019.10
ISBN 978-7-309-14632-5

Ⅰ.①足… Ⅱ.①宋… Ⅲ.①足球运动-小学-教材 Ⅳ.①G624.81

中国版本图书馆 CIP 数据核字(2019)第 208852 号

足球中的科技(上册)
宋凤文　主编
责任编辑/梁　玲

复旦大学出版社有限公司出版发行
上海市国权路 579 号　邮编：200433
网址：fupnet@fudanpress.com　http://www.fudanpress.com
门市零售：86-21-65642857　团体订购：86-21-65118853
外埠邮购：86-21-65109143
上海丽佳制版印刷有限公司

开本 787×1092　1/16　印张 6.25　字数 97 千
2019 年 10 月第 1 版第 1 次印刷

ISBN 978-7-309-14632-5/G·2031
定价：32.00 元

如有印装质量问题，请向复旦大学出版社有限公司发行部调换。
版权所有　侵权必究